따개비 한문숙어·5

2023년 5월 12일 초판 17쇄 발행

글·그림 | 오원석
펴낸이 | 우종갑
펴낸곳 | 늘푸른아이들
주소 | 서울시 도봉구 도봉로 137길 55, 202호(쌍문동 한신스마트빌)
전화 | 02-922-3133
팩스 | 02- 6016-9815
홈페이지 | www.greenibook.com
출판등록 | 2002년 9월 5일 제16-2840호

ⓒ 오원석 2002

ISBN 978-89-90406-05-6 77700
ISBN 978-89-90406-08-0(세트)
잘못된 책은 바꾸어 드립니다.
이 책에 실린 내용과 사진을 무단전재와 복제를 금합니다.

KC	품명: 도서	전화번호: 02-922-3133	제조년월: 2023년 5월
제조국명: 대한민국	제조자명: 늘푸른아이들
주소: 서울시 도봉구 도봉로 137길 55, 202호	사용 연령: 10세 이상
*KC마크는 이 제품이 공통성안전기준에 적합하였음을 의미합니다.

따개비 한문숙어

글·그림 오원석

5

늘푸른아이들

■ 추천사

돌 하나로 네 마리 새를

과자로 지은 집에 살면서 만화로 엮은 책으로 공부를 한다면 얼마나 신나고 재미있을까요. 어린이들은 그런 동화의 나라로 찾아가 살고 싶은 꿈을 지니고 있습니다.

오늘날의 어린이들은 읽을 것과 배울 것이 너무도 많습니다. 어른들은 어린이더러 '내가 어릴 때는 참 공부를 잘했다'라고 자랑하며 본받으라고 하시지만 그건 어른들이 몰라서 하는 말씀입니다.

왜냐하면 어른들의 어린 시절에는 공부하는 내용이 단조로웠기 때문입니다. 날마다 날마다 놀라운 속도로 발전하는 오늘날에는 새로운 이치와 기술과 정보가 홍수처럼 쏟아지고 공부해야 할 내용도 더 많아지고 복잡해지고 어렵게 되었습니다.

그러므로 이 많은 것을 배우는 데 있어서 알기 쉽고 재미있게 가르쳐 줄 것은 생각지 않으시고 그저 공부하라고만 외치십니다.

그렇습니다. 무거운 공부를 가벼운 마음으로 효과 있게 하는 방법을 어른들은 어린이들을 위하여 생각해 내어야 할 것입니다.

바로 그러한 방법의 하나로 이루어진 것이 소년한국일보와 월간 '학생과학'에 연재되었고, 이번에 책으로 나오게 된 〈따개비 한문 숙어〉입니다. 이 책은 어른들도 어려워하던 한문을 아주 쉽고 재미있게 공부할 수 있도록 엮었습니다.

한문 숙어 가운데 一石二鳥(일석이조)란 글귀가 있습니다. 돌

東風

한 개로 한꺼번에 새 두 마리를 잡는다는 뜻이지요. 바꾸어 말하면 한 가지 일을 하여 두 가지 이익을 본다는 뜻입니다. 이 책을 읽은 어린이들은 一石二鳥(일석이조)가 아니라 一石四鳥(일석사조)의 유익함을 얻게 될 것입니다.

　첫째로는 한자 공부가 저절로 되어 머리에 쏙쏙 들어가고, 둘째로는 만화 내용 그대로가 우습고 재치가 있어서 재미를 느낄 수 있습니다.

　또 셋째로는 다루어진 소재가 시사적인 것이 많아 세상의 형편을 알 수가 있고, 넷째로는 흥미 있게 공부하는 사이 어린이의 생각이 넓어져서 상식이 풍부해지고 교양 있는 어린이가 되어 그 한문 숙어를 표현하고 활용할 수 있게 되기 때문입니다.

　진실로 한문을 모르고서는 말과 글의 깊은 뜻을 알 수가 없고, 날이 갈수록 안타까워짐을 어른들에게 물어 보면 잘 알 수 있을 겁니다. 한문은 우리 조상의 슬기와 겨레의 문화 속에 깊이 괴어 있습니다. 외국어 공부보다 더 먼저 더 많이 해야 할 공부입니다.

　이렇게 중요하고 따라서 꼭 배워야 할 한문 숙어를 인기 만화가 오원석 씨가 만화 속에 담아서 쉽게 깨닫고 익히도록 해준 것은 정말 고맙고 반가운 일이 아닐 수 없습니다.

전 소년한국일보 사장 · 색동회 회장 **김수남**

차 례

- ■추천사 돌 하나로 네 마리 새를 4

각자무치	8	불문가지	52
감언이설	10	불야성	54
개과천선	12	불원천리	56
견마지치	14	불철주야	58
경당문노	16	비육지탄	60
고육지계	18	삼익우	62
고진감래	20	삼척동자	64
과공비례	22	상부상조	66
교언영색	24	상탁하부정	68
금석지감	26	상후하박	70
금의야행	28	생면부지	72
기장지무	30	생자필멸	74
기호지세	32	선남선녀	76
노마지지	34	선례후학	78
도탄지고	36	송구영신	80
동가홍상	38	수서양단	82
동량지재	40	수신제가	84
등화가친	42	수주대토	86
무사분주	44	숙호충비	88
불가항력	46	시종일관	90
불구대천	48	식언	92
불로장생	50	신토불이	94

십벌지목 …… 96	창해일속 …… 140
십시일반 …… 98	철면피 …… 142
억강부약 …… 100	청산유수 …… 144
언비천리 …… 102	청천벽력 …… 146
언중유골 …… 104	청출어람 …… 148
여반장 …… 106	탐관오리 …… 150
연목구어 …… 108	태산북두 …… 152
연중무휴 …… 110	태연자약 …… 154
오곡백과 …… 112	태평연월 …… 156
오비이락 …… 114	토사구팽 …… 158
용두사미 …… 116	파안대소 …… 160
우여곡절 …… 118	필마단기 …… 162
유유자적 …… 120	필부지용 …… 164
일언이폐지 …… 122	필부필부 …… 166
입추지지 …… 124	필유곡절 …… 168
자가당착 …… 126	하극상 …… 170
자격지심 …… 128	현모양처 …… 172
장유유서 …… 130	혼비백산 …… 174
적재적소 …… 132	회자정리 …… 176
제백사 …… 134	횡설수설 …… 178
중인환시 …… 136	후회막급 …… 180
지리멸렬 …… 138	희색만면 …… 182

角者無齒
각자무치

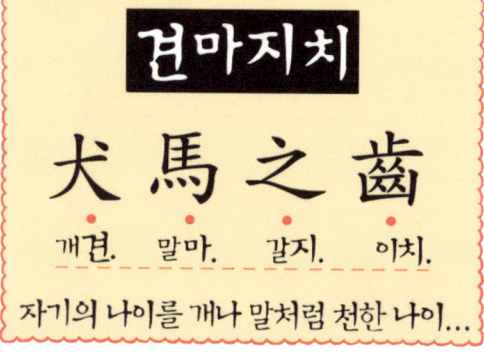

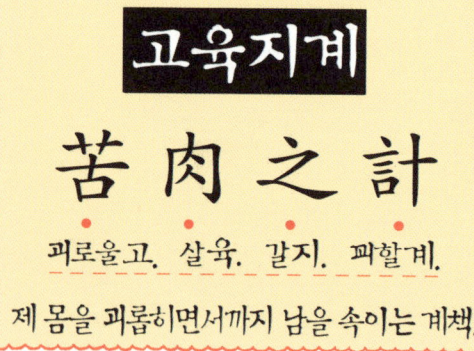

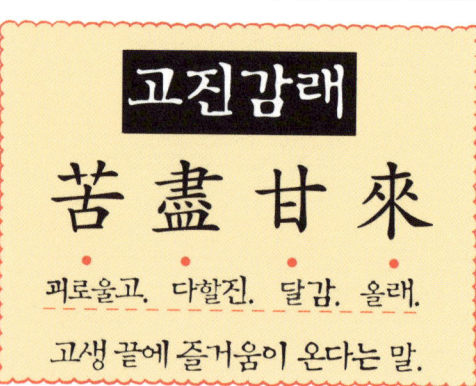

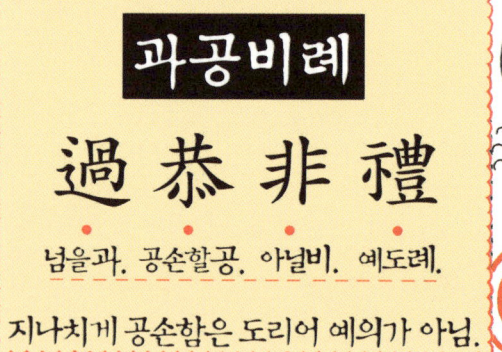

巧言令色
교언영색

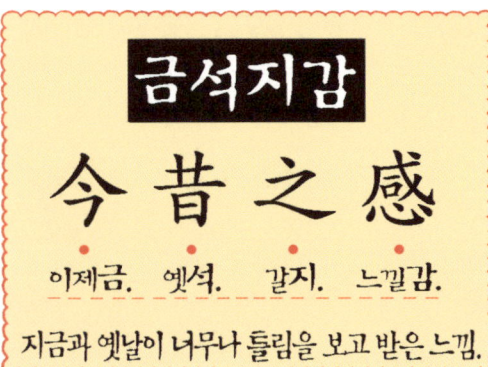

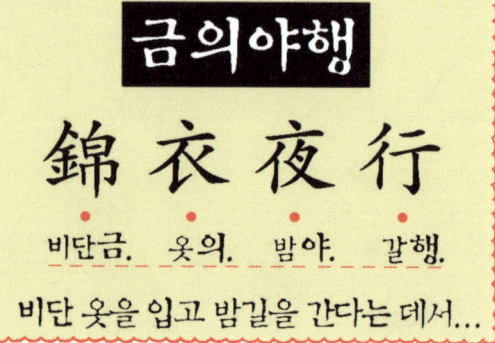

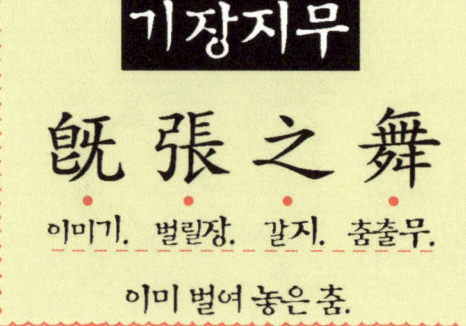

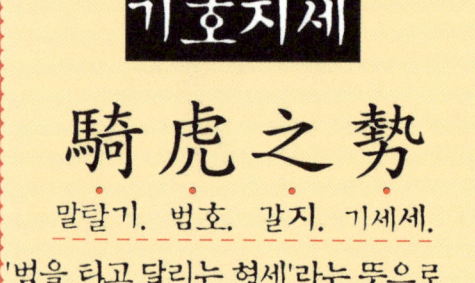

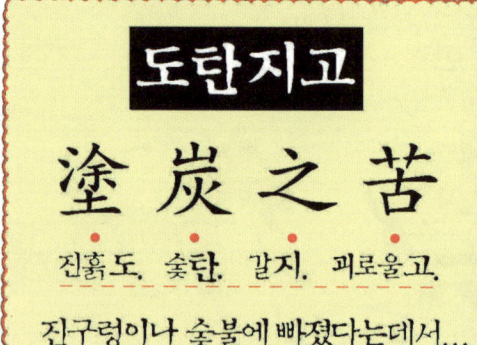

棟樑之材
동량지재

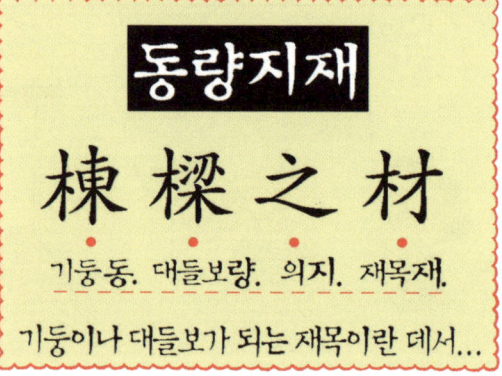

동량지재

棟樑之材

기둥 동. 대들보 량. 의 지. 재목 재.

기둥이나 대들보가 되는 재목이란 데서...

燈火可親
등화가친

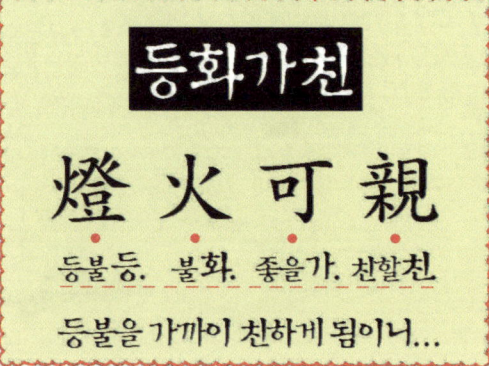 

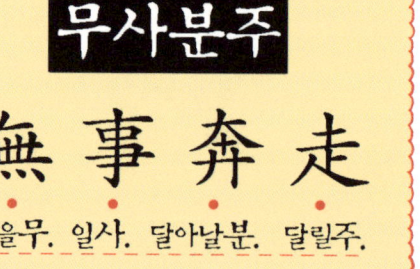

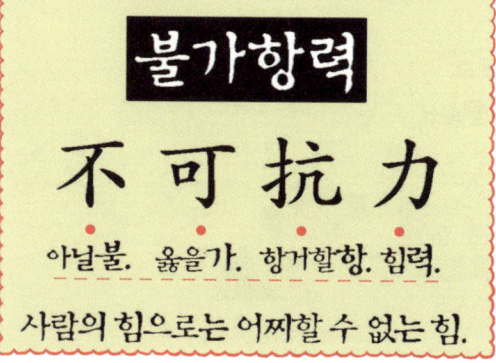

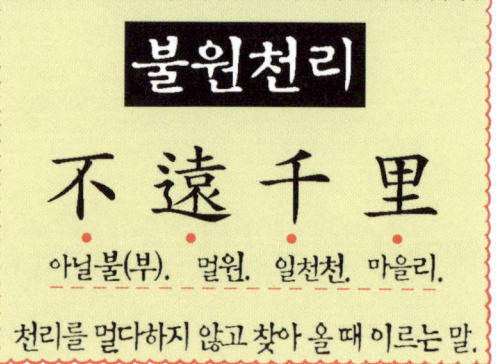

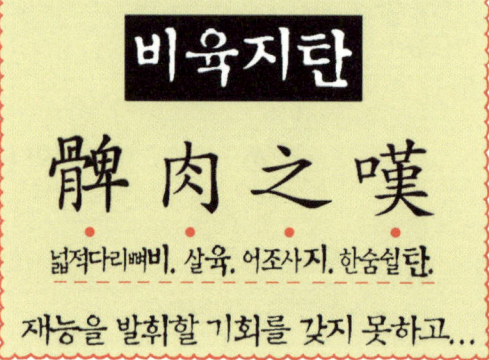

三益友
삼익우

곧 정직한 사람,
믿음직한 사람.

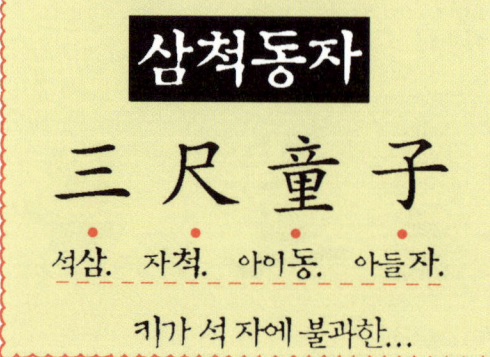

相扶相助
상부상조

상부상조

相扶相助

서로상. 도울부. 서로상. 도울조.

'서로 서로 돕는다'는 뜻.

上濁下不淨
상탁하부정

상탁하부정

上濁下不淨

위상. 흐릴탁. 아래하. 아닐부. 깨끗할정.

윗물이 더러우면 아랫물도 더러움.

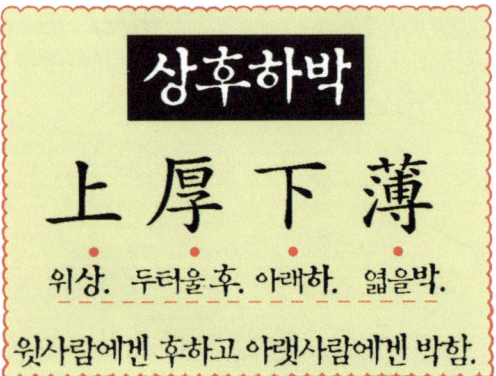

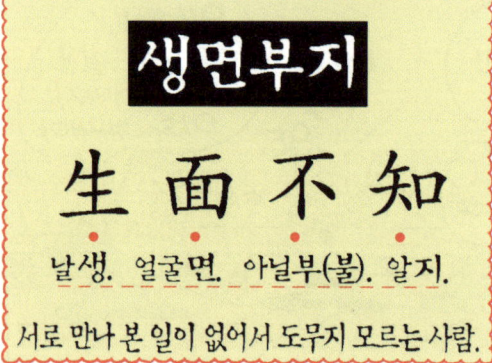

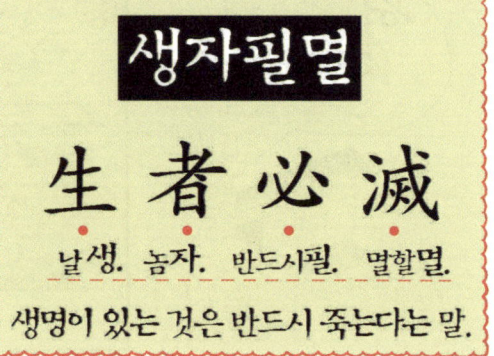

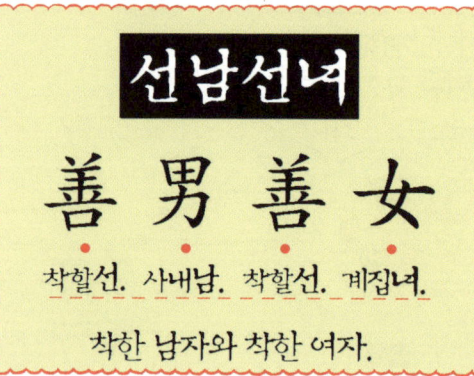

先禮後學
선례후학

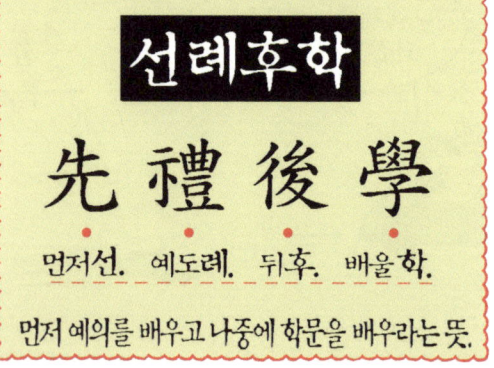

선례후학

先禮後學
먼저 선. 예도 례. 뒤 후. 배울 학.

먼저 예의를 배우고 나중에 학문을 배우라는 뜻.

送舊迎新
송구영신

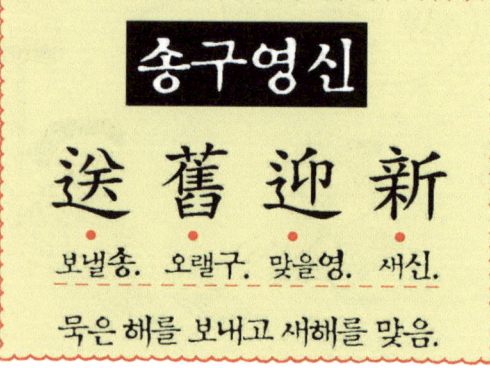

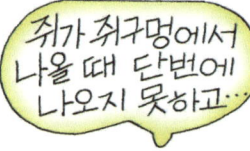

始終一貫
시종일관

 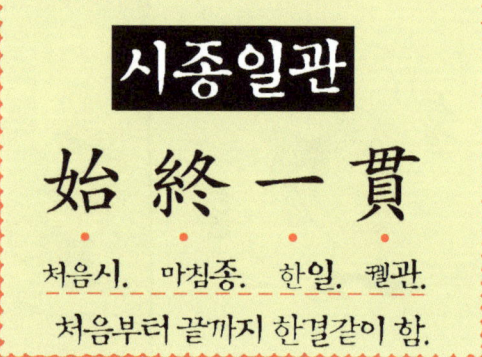

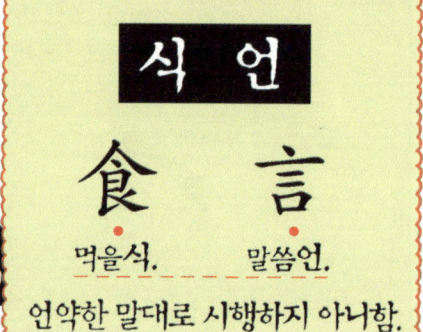

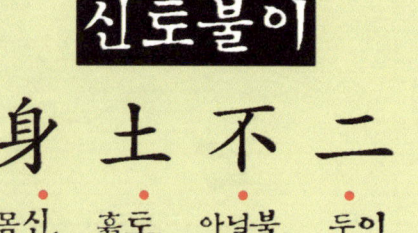

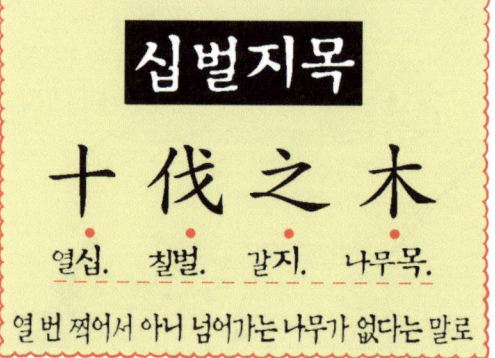

十匙一飯
십시일반

십시일반

十匙一飯

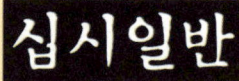

열십. 술가락시. 한일. 밥반.

열 사람이 한 술씩 밥을 보태면...

여러 사람이 힘을 합하면 한 사람을 돕기 쉽다는 비유.

한 사람 먹을 분량의 밥이 된다는 뜻으로

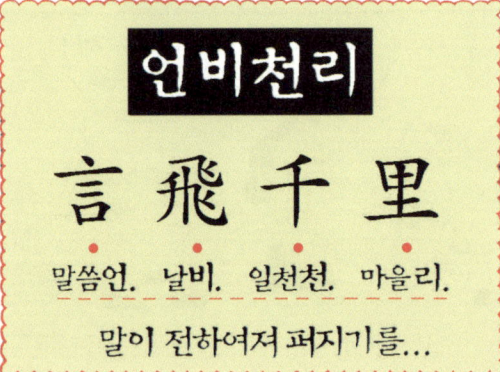

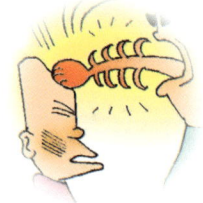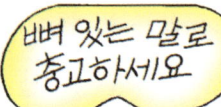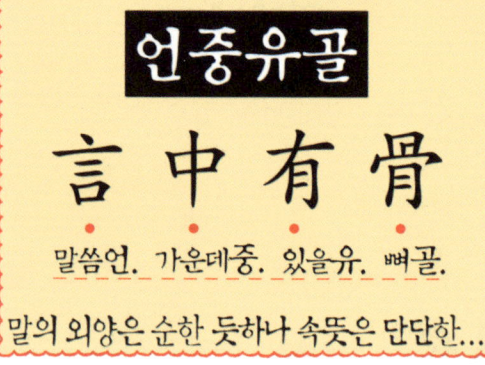

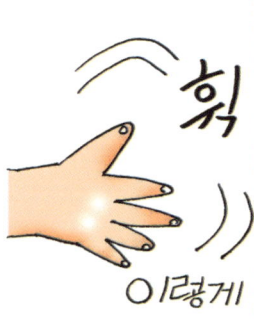

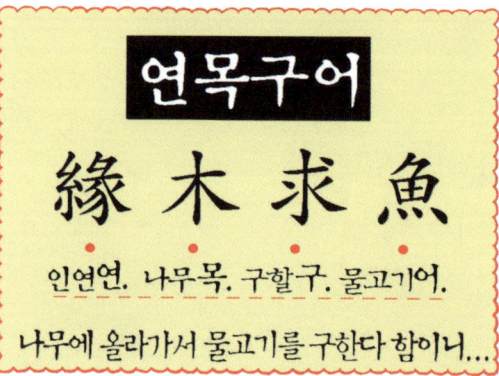

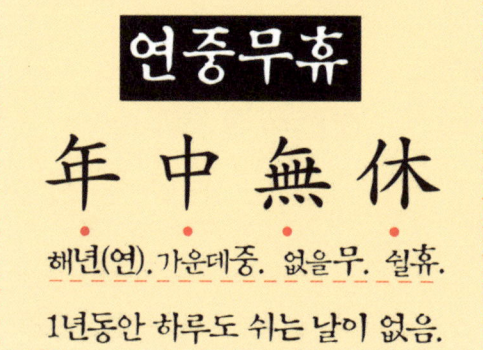

烏飛梨落
오비이락

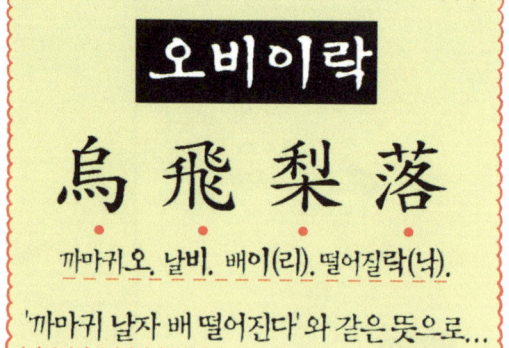

龍頭蛇尾
용두사미

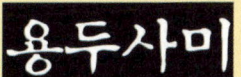

迂餘曲折
우여곡절

悠悠自適
유유자적

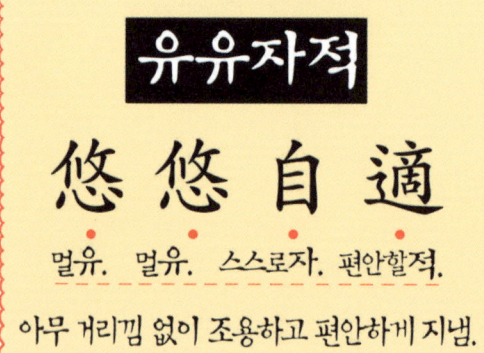

一言以蔽之
일언이폐지

일언이폐지

一言以蔽之

한일. 말씀언. 말이을이. 가리울폐. 갈지.

한 마디 말로 전체의 뜻을 다 말함.

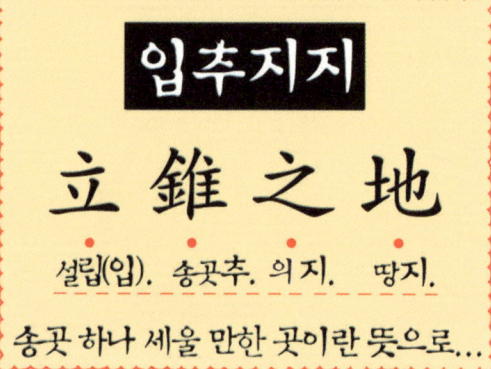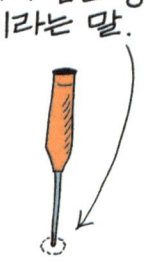

自家撞着
자가당착

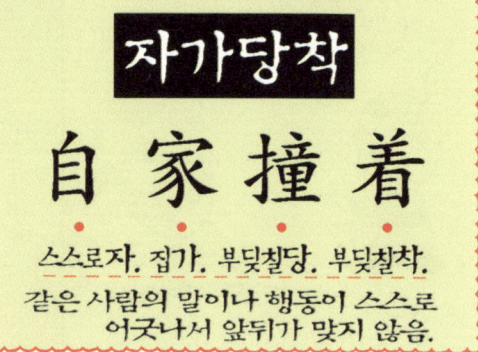

자가당착

自家撞着

스스로자. 집가. 부딪칠당. 부딪칠착.
같은 사람의 말이나 행동이 스스로 어긋나서 앞뒤가 맞지 않음.

自激之心
자격지심

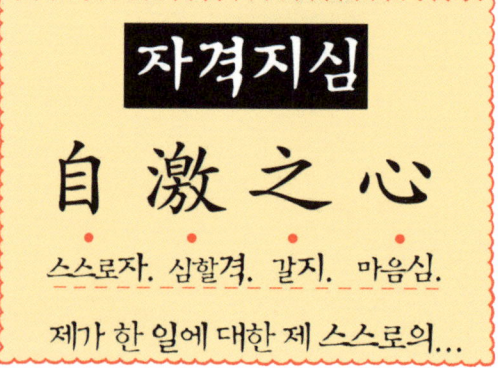

자격지심

自 激 之 心

스스로자. 심할격. 갈지. 마음심.

제가 한 일에 대한 제 스스로의...

長幼有序
장유유서

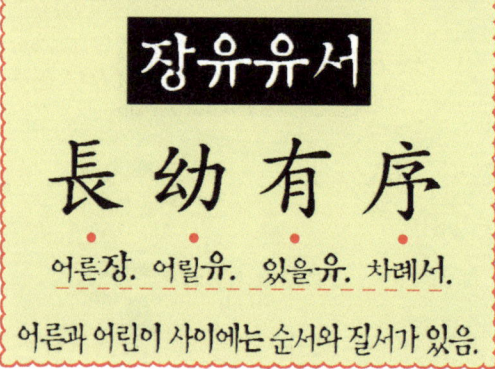

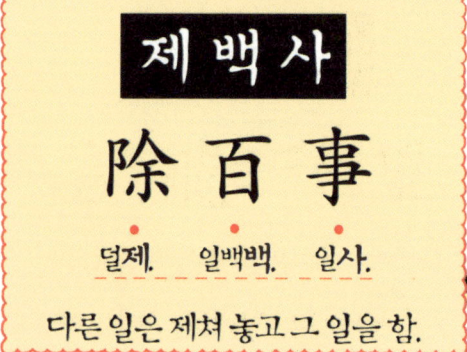

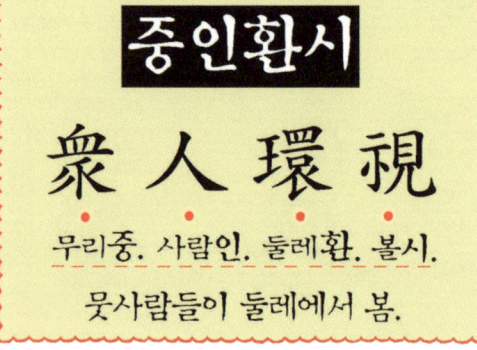

支離滅裂
지리멸렬

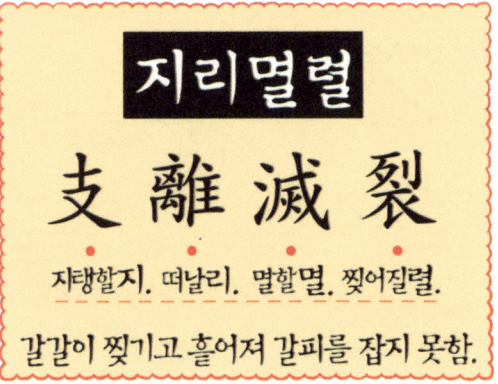

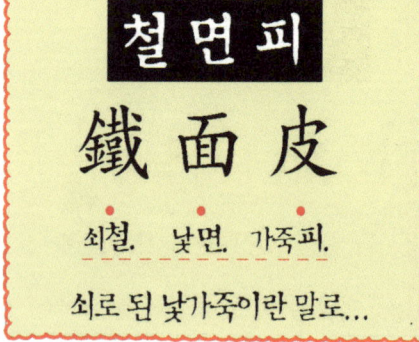

青山流水
청산유수

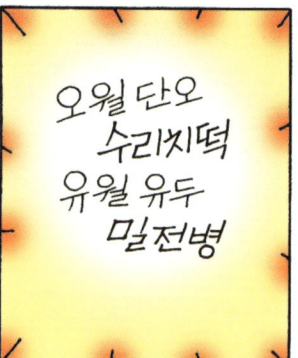

청산유수

青山流水
푸를청. 뫼산. 흐를유(류). 물수.

청산에 흐르는 물처럼 잘 하는 말의 비유.

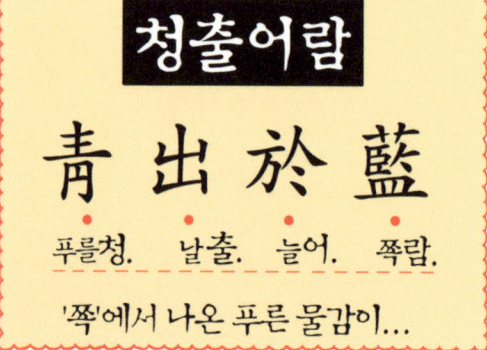

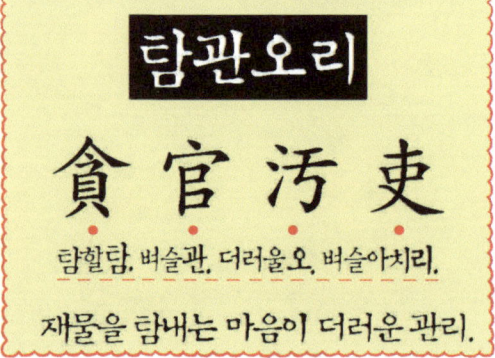

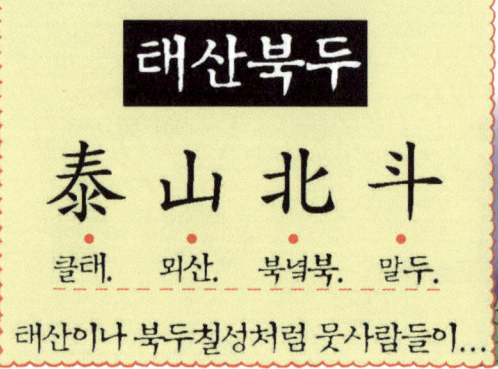

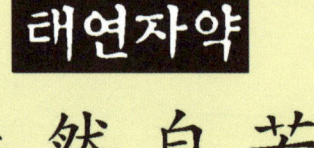

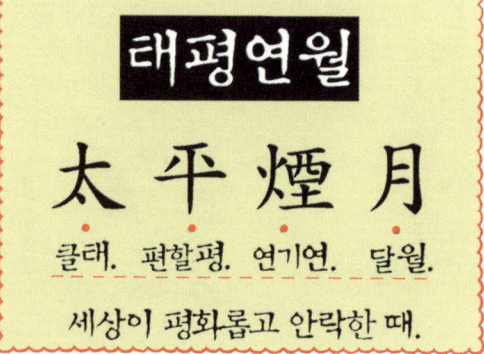

兎死狗烹
토사구팽

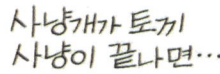

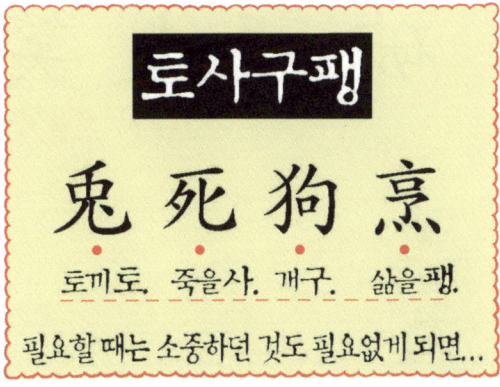

破顔大笑
파안대소

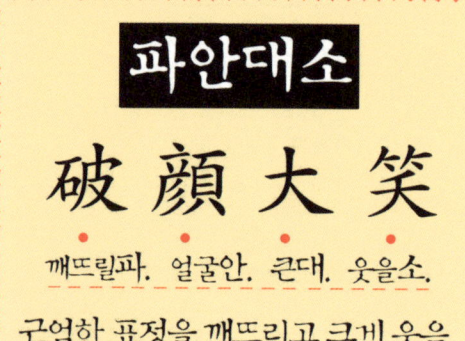

파안대소
破 顔 大 笑
깨뜨릴파. 얼굴안. 큰대. 웃을소.

근엄한 표정을 깨뜨리고 크게 웃음.

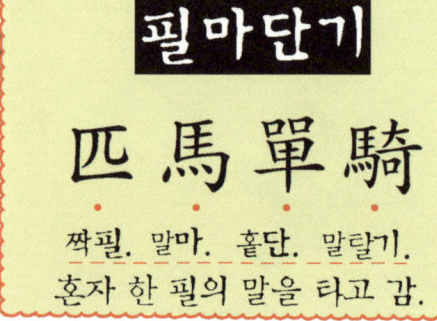

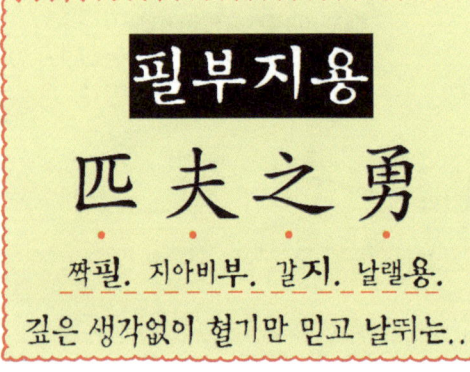

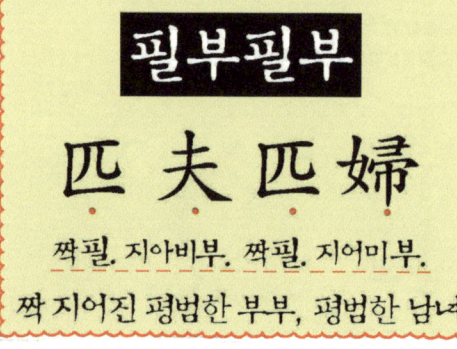

必有曲折
필유곡절

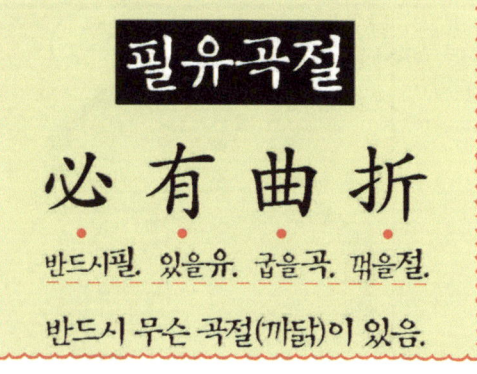

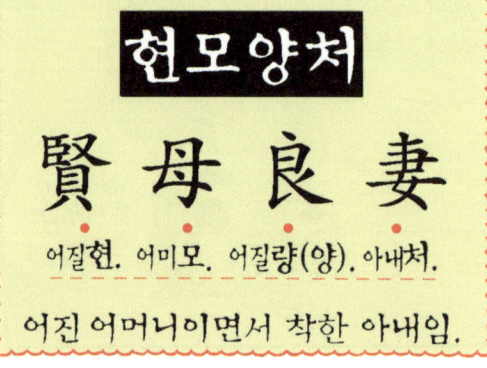

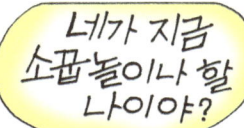

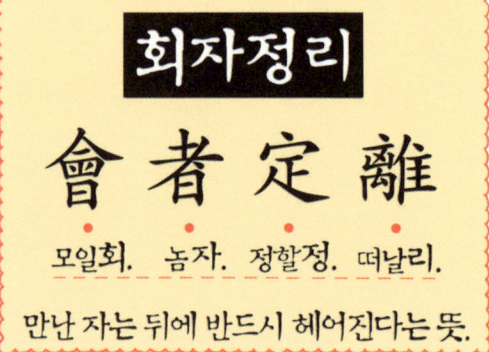

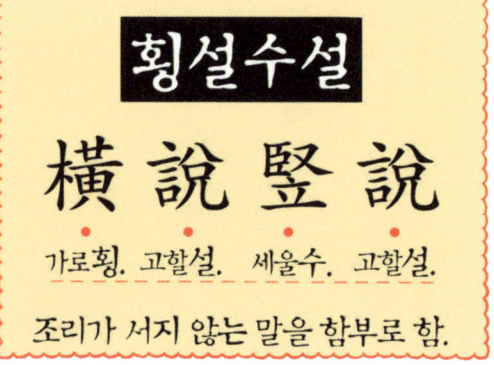

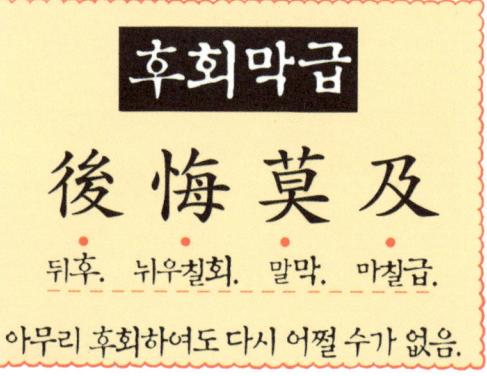

喜色滿面
희색만면

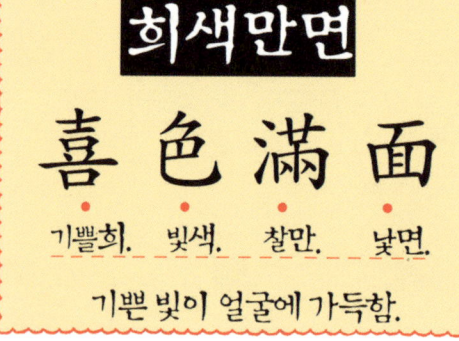

희색만면

喜色滿面
기쁠희. 빛색. 찰만. 낯면.

기쁜 빛이 얼굴에 가득함.